BIBLIOGRAPHIES OF DUTCH HUMANISTS

II

DOCTOR REINERUS SNOYGOUDANUS

Gouda ca. 1477 – 1st August 1537

by

Bob de Graaf

&

Maria Emilie de Graaf

Nieuwkoop * B. de Graaf * 1968

Library of Congress Catalog Card Number 68-54719.

INTRODUCTION

A. Life

Known details of the life of Reynier Snoy are few and far between. He was born at Gouda in about 1477 of a distinguished family. If we are to believe his most important biographer, his great-nephew Jacob Cool, he was not a very bright child. He was still struggling with the rudiments of reading and writing when he was seven years old and took so little interest in his lessons that he was even taken away from school for a few years apparently. Cool has it that his father eventually gave him the option of being put to a trade or pursuing his studies. Young Reynier having chosen the former, his father apprenticed him to a blacksmith with instructions to work his son hard. This was not at all to the boy's taste and he very soon begged to be sent back to school. From then on his school reports improved and it was not long before he ranked among the brilliant boys of the class. As a gifted and wealthy young man he set out for Italy, where he graduated as a doctor of medicine at the famous University of Bologna and also distinguished himself as a philosopher and orator.

On his return to his native land he became the favourite and physician-in-ordinary to Adolf of Burgundy, Lord of Veere and Beveren. This association of long standing was to make its mark upon his future. Not only did Adolf shower gifts upon him, but indemnified Snoy against losses he had suffered as the result of floods by giving him fifty acres of arable land in Zealand Duiveland. It was very probably also due to his relationship with Adolf of Burgundy, who himself held many high military ranks and political posts, that Snoy was called to the diplomatic world. Charles V sent him as Ambassador to Christian II of Denmark and to the Court of James IV of Scotland. It would seem that Snoy practised medicine for some time in England.

Snoy was elected Magistrate of Gouda on his return to his native city, but appears to have resigned this office at an early date to devote himself entirely to theological studies. He died at Gouda on 1st August 1537, "about sixty years of age" and was buried in the Church of St. John. Alard van Amsterdam wrote his epitaph.

XX.

Ⱶerasmi Roterodami·

Silua carminū antehac nūq̃ impſſorū.

Satyre tres.

℄Satyra prima in errores hoim degenerātiū et p̄ ſūmo celeſtiq̃ bono varias falſorū bonoᵹ ſpecies amplectētiū.

℄Satyra ſecūda In iuuenē luxuria deflue ntē atᵹ mortis admonitio.

℄Satyra tertia in diuitē auarū.

Ⱳetrū phalenticū de Ⱬūmo.

Ɑpologia Ⱶeraſmi ſub dpalogo lamētabili aſſūpta aduerſus barbaros q̃ veterū eloquentiā cōtemnūt et doctā Ᵽoeſim derident.

Ɠuielmi Ɠoudani.

Ᵽroſopopeia Ⱶollandię. bello penuria morbo factioib? iamdiu vexatę de ſuorū calamitate lamētantis.

PSALTE-
RIVM DAVIDI,
CVM PARAPHRASIBVS
breuibus illuſtratum, ſeruata
vbicꝫ ad verbum Hie-
ronymi tranſla
tione.

AVTHORE REY,
nerio Snoy Goudano

ANTVERPIAE APVD MI.
chaelem Hillenium in R.ipo. An.
M. D. XXXV.

☞ Cum Gratia & Priuilegio.

Bibliography Nº. 3

Snoy's circle of acquaintances included three of the best-known Dutch humanists. In a letter written in 1506 (Allen letter N⁰. 190, line 10/11), Erasmus refers to him as "literatum Hollandicarum decus". Snoy, for his part, wrote to Erasmus on 1st September – probably in 1516 (Allen letter N⁰. 458) – about his De rebus Batavicis libri XIII. Alard of Amsterdam, mentioned above, was also obviously one of Snoy's friends. The cited epitaph appears in the edition of Erasmus' Carmen Bucolicon, Leyden, Peter Claesz van Balen, 13th February 1538 (Nijhoff-Kronenberg 786) prepared by Alard, i.e., on page D_1 recto under a number of opuscula by Alard himself. He had found the manuscript of the Carmen Bucolicon (not an autograph by the way) among a bundle of early poems in Snoy's home. When reporting this find (in the Scholia, line 38), Alard refers to Snoy as "nuper admodum defunctum). This tallies with the date of Snoy's death (1st August 1537), which is given variously by later biographers. – See B. de Graaf, Alardus Amstelredamus (1491-1544). His life and works, with a bibliography, Amsterdam, 1958, p. 40, and A.J. Kölker, Alardus Aemstelredamus and Cornelius Crocus, two priestly humanists of Amsterdam. Nijmegen-Utrecht, 1963, p. 13 note 2.

Lastly, Cornelius Aurelius Goudanus refers repeatedly to Snoy as his patron and dedicates his Batavia to him. – See Section D, below, under this name.

B. Published Works

In 1513 Snoy prepared an edition of a few hitherto unpublished early poems by Desiderius Erasmus. This slim book was published under the title of Herasmi Roterodami Silva carminum antehac nunquam impressorum by Allaerdus Gauter of Gouda on 18th May 1513 (Nijhoff-Kronenberg 871; our bibliography N°. 1).

Snoy completed his best-known work, the Psalterium Davidicum paraphrasibus illustratum, in 1533; it was first published in 1535 by Michiel Hillen van Hoochstraten of Antwerp (Nijhoff-Kronenberg 1907; our bibliography N°. 3). It was reprinted many times.

A controversial work, Antilutherus. Dialogus super doctrina Lutherana, was again published in Gouda, but with no mention of the printer nor of year of publication (Nijhoff-Kronenberg 1906; our bibliography N°. 9). Nijhoff-Kronenberg suggests "c. 1540?" as the year of publication. As the booklet has a foreword (undated) addressed to the reader by Snoy himself, it may be assumed with fair credibility that it appeared during the author's life-time, i.e., before 1st August 1537.

Many decades elapsed before Snoy's most important work, De rebus Batavicis libri XIII, saw the light of day. This chronicle, edited by Jacob Cool (Jacobus Brassicanus), appeared as the second part of Franciscus Sweertius' Rerum Belgicarum Annales, published in 1620 by Daniel and David Aubry and Clement Schleich in Frankfurt. (Our bibliography N°. 39). Following the ancient practice, the historical account begins with the Creation and ends with the coronation of Emperor Charles V, 28th June 1519. The first book presents a geographical description of The Netherlands.

C. Unpublished Works

Snoy's literary legacy was considerably larger than the four printed publications mentioned above would seem to suggest. At the end of his long list of Snoy's works, Jacob Cool says: "Plura si quae scripsit, aut alii caelant, aut sunt negligentia haeredum deperdita". The following summary of lost manuscripts tends more especially to show that Snoy was also concerned with philosophy and the art of poetry, particularly with Latin poetry.

I.   Liber de essentia animae (with supplements).

Cool was in possession of this manuscript. The work was dedicated to Adolf of Burgundy. According to Cool, the work evidently consisted of three parts: De essentia animae - De potentiis animae - De passio- nibus. The last part was not completed.
Snoy had added a further four books to the De essentia animae ("adiunxit"), notably Liber de ile - Liber de stato - Liber de idaeis - Liber de summo bono, which Cool also possessed.

II.   Sophologia.

According to Cool, this could no longer be found ("nondum quod sciam, reperta"). Snoy himself mentions this work in Volume VII of his De rebus Batavicis. The subject appears to have been natural science and philosophy.

III.   Liber de arte poëtica.

IV.   Liber de arte alcumistica.

V.   Acolastus oratione saluta.

Cool gives titles III-V without any further details. Mention of a prose version of the well-known play Acolastus is intriguing. The first printed edition of Gulielmus Gnapheus' famous version is dated 1529. The book was reprinted a great many times.

VI.   Praxuos medicae volumina duo.

Cool states that a (Gouda) apothecary was in possession of this work, which, it is alleged, was filched ("morienti surrepta") from the dying Snoy.

VII.   Scrutinum historicae veritatis, per sex aetates mundi, quatuorque monarchias.

Cool mentions this work as an addendum to the De rebus Batavicis libri XIII.

VIII.   Laus Deiparae Virginis, carmine sapphico.

IX.   Paraeneticon ad invictissimum atque illustrissimum Carolum Quintum, Caesarem semper Augustum, carmine elegiaco.

Cool lists these two titles without comment. One could imagine, though this is naturally mere speculation, that VIII might have been part of:

X.   Poemata sacra.

Cool adds: "quae aliubi recenset Alard.(us) Amstelred.(amus)". We do not know where.

XI.   Praeparatio ad sumendam signe Eucharistiam.

Prepared by Snoy for his daughters Aleida and Maria, on the occasion of their entering the Margareta Convent of Gouda as nuns.

XII.   Concio sacra de Publicano Pharisaeo in templo orantibus.

Cool tells us that Snoy wrote this while he was confined to bed by illness.

- - - - - - -

In the main, the later bio-bibliographers faithfully followed Cool's list, which, partly in view of the existing family relationship, is likely to have been the most reliable one. It should be added that Loos, Miraeus and Valerius Andreas cite one other work, D e l i b e r t a t e c h r i s t i a n a , which does not appear in Cool's list.

Lastly, as far as a number of the lost manuscripts are concerned, a few seem to have fallen into the hands of Petrus Opmeer, who, in his Chronographia (Cologne, 1625, pp. 758-759), states that some to whom he, in his turn, passed them on had consulted them to some profit.

"Florebat & Gaudae Reinerus Snoyus Medicus, qui Bataviae illustrandae operam suam contulit: Maiore sane laude dignus quam ii, qui ejus scriptis à me ipsis traditis profecerunt, illi derulere".

D. Main Bio-bibliographical Sources
(in chronological arrangement)

C. LOOS, Illustrium Germanicus scriptorum catalogus. Mainz, 1582. N_8 recto – O_1 verso. Few, if any, biographical details. The year of his death is erroneously given as 1538. Mentions among Snoy's works an "Opusculum de Christiana libertate", suggesting that this was written in sympathy with Erasmus' De libero arbitrio. Also the Psalterium Davidicum paraphrasibus illustratum, which, according to Loos, was translated by Nicolaus Hugonius, Deacon of the Catholic Church of Speyer, into German. Lastly, this bio-bibliographer mentions the De rebus Batavicis, "typis nondum excusam".

CORNELIUS AURELIUS GOUDANUS, Batavia, sive de antiquo veroque eius insulae quam Rhenus in Hollandia facit situ, descriptione et laudibus. Bonaventurae Vulcanii opera edita. Leyden, 1586, pp. 50-52, 68.
This work, written in 1514-1515, was dedicated by Aurelius to Reynier Snoy and, according to the Leyden "Literary MSS 743", was published by Vulcanius.

(JACOB COOL) JACOBUS BRASSICA, Vita Reneri Snoi Goudani, medicorum principis et archiatri. – In: REYNIER SNOY, De rebus Batavicis libri XIII. Frankfurt, 1620. – †2 verso – †3 verso.
The most important and reliable source for the life and works of Snoy; it is upon this that our biographical sketch under A is based. Where the Psalterium Davidicum paraphrasibus illustratum is mentioned in the summary of the work, Cool states that he translated this into Dutch.

FRANCISCUS SWEERTIUS, Athenae Belgicae. Antwerp, 1628. – Pp. 653-654. Based on Cool.

AUBERTUS MIRAEUS, Bibliotheca ecclesiastica. Antwerp, 1639. – Part II, pp. 31-32. Also mentions the De Christiana libertate with the addition of "Lovanii 1550".

VALERIUS ANDREAS, Bibliotheca Belgica: De Belgis vita scriptisque claris.
Editio renovata. Louvain, 1643. - Pp. 790-91.
In a note the author states that Snoy was said to have studied philosophy at Louvain,
a detail not mentioned hitherto. The De Christiana libertate is cited
with the addition of the format (octavo).

J.W.(ALVIS), Beschrijving der stad Gouda (Description of the city of
Gouda). Gouda-Leyden (1713). - Pp. 244-249.
A detailed biography, following Cool almost word for word. Walvis also refers tc
Erasmus' great admiration for Snoy.

J. LE LONG, Bibliotheca sacra. Paris, 1723.

JOANNES FRANCISCUS FOPPENS, Bibliotheca Belgica, sive virorum in
Belgio vitâ, scriptisque illustrium catalogus, librorumque nomenclatura. Tomus II.
Brussels, 1739. - Pp. 1061-1062.
A reliable biography largely following Valerius Andreas.

(JEAN-NOËL PAQUOT), Mémoires pour servir à l'histoire littéraire
des dix-sept provinces des Pays Bas ... Folio edition: Part II.
Louvain, 1748. - Pp. 462-464. Octavo edition: Part XI. Louvain, 1768. - Pp. 55-65.
Based on Cool, but more detailed and very accurate.

FRIEDRICH GOTTHILF FREYTAG, Analecta litteraria de libris rarioribus. Lipsiae,
1750.

JACQUES LE LONG, Bibliotheca sacra ... continuata ab Andrea Gottlieb Masch.
Halae, 1778-1790.

S. DE WIND, Bibliotheek der Nederlandsche geschiedschrijvers
(Library of Dutch Historians). Middelburg, 1835. - Pp. 115-119.
Chiefly on the De rebus Batavicis after a short biography. De Wind quotes
Dousa and Scriverius' adverse criticism and champions Snoy.

J.G.T. GRAESSE, Trésor de livres rares et précieux, ou nouveau dictionnaire bibliographique. Dresde, 1858-1869.

A.J. VAN DER AA, Biographisch woordenboek der Nederlanden (Biographical Dictionary of The Netherlands). Part 17, first piece. Haarlem, 1874. - Pp. 814-816.
Compilation of preceding bio-bibliographies, based mainly on Paquot and De Wind. A new detail is the added information that a Spanish translation of the Psalterium Davidicum paraphrasibus illustratum also appeared, printed at Antwerp in 1555 (our bibliography N°. 26).

(H.L.) BAUDRIER & JULES BAUDRIER, Bibliographie Lyonnaise. Lyon, 1895-1921.

P.S. ALLEN, Opus Epistolarum Des. Erasmi. Tom. 1 (Oxford, 1906) - Pp. 421/22, note 10.
A short biography which, however, contains some supplementary details; e.g., Snoy was sent on his embassy to James IV of Scotland in 1513. Snoy appears to be in Adolf of Burgundy's service in 1524 and still in 1533.

Finally, it should be stated that Snoy who, after all, was one of the foremost Dutch humanists in Erasmus' circle, receives no detailed mention in the Nieuw Nederlandsch Biographisch Woordenboek (New Dutch Biographical Dictionary) (Leyden, 1911-1937, 10 parts).

WOUTER NIJHOFF & M.E. KRONENBERG, Nederlandsche bibliographie van 1500 tot 1540. 's-Gravenhage, 1923-61.

ANTONIO PALAU Y DULCET, Manuel del librero Hispano-Americano. Barcelona, 1948-.

BIBLIOTHECA Catholica neerlandica impressa 1500-1727. Hagae Comitis, 1954.

JEAN PEETERS-FONTAINAS, Bibliographie des impressions espagnoles des Pays-Bas Méridionaux. Mise au point avec la collaboration de Anne-Marie Frédéric. Nieuwkoop, 1965.

H.M. ADAMS, Catalogue of books printed on the continent of Europe, 1501-1600 in Cambridge libraries. Cambridge, 1967.

DE GRAAF = Collection de Graaf, Nieuwkoop.

BIBLIOGRAPHY

in chronological arrangement

1 ERASMUS, Silva carminum. Edited by Reynerus Snoyus. Gouda, Allaerdus Gauter, 18th may 1513.

Herasmi. / Roterodami. / Silua carminu(m) antehac nu(n)q(uam) imp(re)ssoru(m). / Satyre tres. / Satyra prima in errores ho(d)i(e)m degenera(n)tiu(m) / et p(er) sum(m)o celestiq(ue) bono varias falsoru(m) bono(rum) species / amplecte(n)tiu(m). / Satyra secu(n)da In iuuene(m) luxuria defluente(m) / atq(ue) mortis admonitio. / Satyra tertia in diuite(m) auaru(m). / Metru(m) phalenticu(m) de Nu(m)mo. / Apologia Herasmi sub dyalogo lame(n)tabili as-/su(m)pta aduersus barbaros q(ui) veteru(m) eloquentia(m) co(n)tem/nu(n)t et docta(m) Poesim derident. / Guielmi Goudani. / Prosopopeia Hollandie. bello penuria mor-/bo factio(n)ib(us) iamdiu vexate de suoru(m) calamitate lame(n)-/tantis.

4°. 16 leaves. a_6, b_4, c_6.

a-2: M. Reynerius Snoy lectori salutem.
c-6: Arms of Maximilian, with on the left arms of Gouda and on the right printer's mark.

Copies: Koninklijke Bibliotheek Den Haag 227E40.
Stadsbibliotheek Gouda.
Stedelijke Bibliotheek Rotterdam.
British Museum C.39.d.(20).
Universitetsbiblioteket Uppsala.

Lit.: N.-K. 871.

Note: In 1864 a facsimile was published by Arnold, Brussels, with an introduction by Ch. Ruelens.

2 [Psalterium Davidicum Paraphrasibus illustratum. Louvain, 1534.]

Lit.: N.-K. 01109.
    Bibl. Cat. Neerl. Imp. 1350.
    vd Aa XVII, 1e stuk p. 814–816.
    Allen I p. 422.

Note: Doubtful.

3 Psalterium Davidicum paraphrasibus illustratum. Antwerp, Michiel Hillen van
   Hoochstraten, 1535.

(Title in woodcutborder:)
Psalte-/rivm Davidi-/cvm paraphrasibvs / breuibus illustratum, seruata / vbiq(ue)
ad verbum Hie-/ronymi transla/tione. / Avthore Rey-/nerio Snoy Goudano /
Antverpiae apvd Mi-/chaelem Hillenium in Rapo. An. / M.D.XXXV. / Cum Gratia
& Priuilegio.

8°. 240 leaves. A-Z_8, Aa-Gg$_8$.

A-2 recto: Prologus.
A-6 recto: Catalogus Psalmorum.
Gg-8 verso: Printer's mark.

Copies: Minderbroedersklooster Weert.
        Universiteitsbibliotheek Leuven.

Lit.: N.-K. 1907.

4 Psalterium Davidicum paraphrasibus illustratum. Cologne, Johann Gymnich, 1536.

(First line of text included by typographical fleurons:)
PSALTE/RIVM DAVIDICVM PARAPHRA-/sibus breuibus illustratum, seruata ubique /
ad uerbum Hieronymi transla-/tione. /AVTORE REYNERIO SNOY/Goudano. /
AVTORES EX QVIBVS HAEC PSAL/terij paraphrasis contexta est,
uersa pagella / indicabit. / (printer's mark) COLONIAE APVD IOAN-/
nem Gymnicum. Anno M.D. XXXVI.

$8°$. 272 leaves. a_8, A-K$_8$, Aa-Kk$_8$.

Copies: Universiteitsbibliotheek Amsterdam 1146 H 21 (last leaf, probably a blank,
   lacking).
   Staatsbibliothek Marburg.

Lit.: Graesse VI, 1, 427: "Une éd. antérieure, Col. 1536. in -8°., a été supprimée".

5 Psalterium Davidicum paraphrasibus illustratum. Lyons, Jean Barbous for Jean & François Frellon, 1538.

PSALTERIVM / PARAPHRASIBVS / illustratum, seruata vbique ad / verbum HIERONYMI / translatione, / RAYNERIO SNOYGOVDANO / AVTORE. / MAGNI ATHANASII opusculum / in Psalmos. / (printer's mark) LVGDVNI, / S u b S c u t o Coloniensi, Apud Ioannem & / Franciscum Frellaeos, fratres. / M.D. XXXVIII.

8°. 256 leaves. $a-z_8$, $A-I_8$.

a-2 recto - a-4 recto: Prologus.
H-7 recto - I-6 recto: Magni Athanasii in Psalmos Opusculum, Angelo Politiano Interprete.
I-8 recto: Lugduni, Excudebat Ioannes Barbous.

Copy: Bibliothèque St. Geneviève Paris B. 8°. 1503 inv. 3125.

Lit.: Baudrier V, p. 177-178.

6 Psalterium Davidicum paraphrasibus illustratum. Antwerp, Joannes Grapheus for
Joannes Steels, 1538.

Psalte/rivm davidicvm / paraphrasibus breuibus illustra-/tum, seruata vbique ad
ver-/bum Hieronymi / translatione. / Avtore Reynerio Snoy / Goudano. (woodcut:
left Miserere, right mei deus) / Antverpiae / In Scuto Burgundiae per Ioannem /
Steelsium. Anno. M.D./XXXVIII.

8°. 256 leaves. A-Z$_8$, Aa-Ii$_8$.

A-2 recto: Prologus.
A-5 recto: Catalogus Psalmorum.
Ii-8 recto: Typis Ioannis Graphei.
Ii-8 verso: Printer's mark of Steels.

Copies: Moses- en Aäronkerk Amsterdam.
        Minderbroederklooster Weert.
        Seminarie Haaren.
        Provinciaal Archief Capuc. 's-Hertogenbosch.
        Bibliothèque Royale Bruxelles.
        Bibliothèque de la Ville, Tournai.
        Landesbibliothek Stuttgart.
        Stiftsbibliothek Xanten.

Lit.: N.-K. 1908.

7 Psalterium Davidicum paraphrasibus illustratum. Cologne, Johann Gymnich, 1538.

PSALTE-/RIVM DAVIDICVM/PARAPHRASIBVS BREVI/bus illustratum, nec non, seruata ubiq(ue) / ad uerbum Hieronymi transla/tione, accuratissime de-/nuo reuisum atque / castigatum. / AVTORE REYNERIO / Snoy Gaudano. / (printer's mark) IOANNES GYMNICVS EXCV-/debat Coloniae, Anno Domini / M.D.XXXVIII.

8°. 280 leaves. a_8, A-Z_8, Aa-Ll$_8$.

a-2 recto - a-5 recto: Prologus.
a-5 verso - a-8 verso: Catalogus Psalmorum cum numeris & folijs suis ut sint inventu faciles.

Copies: Ruusbroec-Genootschap Antwerpen 3117E.2.
       Bibliothèque de l'Université Liège 5315A.
       Universitätsbibliothek Frankfurt 151212.
       University Library Cambridge.

Lit.: Adams B1416.

8 Psalterium Davidicum paraphrasibus illustratum. Cologne, Johann Gymnich, 1539.

PSALTE-/RIVM DAVIDICVM / PARAPHRASIBVS BREVI-/bus illustratum, nec non, seruata / ubique ad uerbum Hierony/mi translatione, accura-/tissime denuo reui-/sum atque ca-/stigatum. /AVTHORE REYNERIO/Snoy Goudano./HAC POSTREMA EDITIONE, / summa cura quae hactenus operi deesse uide-/bantur, candide lector, post psalmorum / Indicem , adiecta cognosce. / COLONIAE, apud Ioannem Gymnicum. / An. M.D.XXXIX.

8°. 280 leaves. a_8, A-Z$_8$, Aa-Ll$_8$.

Copies: Universiteitsbibliotheek Groningen Bm 48. (Formerly J. Baart de la Faille, ex dono W.B.S. Boeles).
Staatsbibliothek Marburg.

ANTILVTHERVS

DIALOGVS
Super doctrina Luthe
ana De Fide & Opib°

Interlocutores
Morolog° Orthodox°

Cordein Spon'a oolis.

Bibliography N°. 9

9   Antilutherus. Dialogus super doctrina Lutherana. Gouda, In sponsa solis, (ca. 1540?).

(Title within woodcut-border, below a shield, bearing the arms of Gouda:) Antilvthervs / Dialogvs / Super doctrina Luthe/rana De Fide & Op(er)ib(us) / Interlocutores / Morolog(us) Orthodox(us) / Goude in Sponsa solis.

8°. 48 leaves. A_8, $b-f_8$.

A-1 recto: Vox Ecclesiae sponsa Chii loquuntur.
A-2 recto: Reynerius Snoyus Lectori.S.

Copy: Bibliothèque Royale Bruxelles. II,14.110.

Lit.: N.-K. 1906.

10 Psalterium Davidicum paraphrasibus illustratum. Paris, Pierre de la Vidoue for Arnoul & Charles L'Angelier, 1540.

Psalterium, / PARAPHRASIBVS / illustratum, seruata vbique ad verbum / HIERONYMI translatione. / RAYNERIO SNOYGOVDANO AVTORE. / Magni Athanasij opusculum in Psalmos. (vignet) PARISIIS, / Apud Arnoldum, & Carolum, Les / Angeliers, Fratres. M.D.XL.

8°. 236 leaves. a-z$_8$, &$_8$, A-E$_8$, F$_4$.

a-2 recto - a-4 recto: Prologus.
E-4 verso - F-2 verso: Opusculum Magni Athanasij in Psalmos opusculum, Angelo Politiano interprete.
F-4 recto: Parisiis, Excudebat P. Vidovaeus.

Copies: Bibliothèque Nationale A.6050.

Edition divided between Arnoul & Charles L'Angelier, Jean Foucher and Vivant Gaultherot.

Edition Jean Foucher: Bibliothèque Nationale A.11435.

Edition Vivant Gaultherot: Bibliothèque St. Geneviève Paris B. 8°. 1504. inv. 3126.

11 Psalterium Davidicum paraphrasibus illustratum. Lyons, Jean Barbou for Jean & François Frellon, 1540.

PSALTERIVM / PARAPHRASIBVS / illustratum, seruata vbique ad / verbum HIERONYMI /translatione,/RAYNERIO SNOYGOVDANO /AVTORE./ Magni Athanasij opusculum in Psalmos. / (printer's mark) LVGDVNI, / Sub Scuto Coloniensi, Apud Ioannem & / Franciscum Frellaeos, fratres. / M.D.XL.

8°. 248 leaves. a-z$_8$, A-H$_8$.

At the end: Lugduni, Excudebat Joannes Barbous.

Copy: Bibliothèque Grand Séminaire Viviers.

Lit.: Baudrier V, p. 182.

12 Psalterium Davidicum paraphrasibus illustratum. Antwerp, Joannes Steels, 1542.

PSALTE-/RIVM DAVIDICVM/Paraphrasibus breuibus illustratum, serua-/ta vbique ad verbum Hierony-/mi translatione. Autore / Reynerio Snoy / Goudano. / ACCESSIT MAGNI ATHANA-/sij opusculum ad Marcellinum in librum/Psalmorum Capnione Interprete. / (printer's mark) ANTVERPIAE / In scuto Burgundiae per Ioannem / Steelsium. Anno. / M.D. XLII.

8°. 248 leaves. A-Z$_8$, Aa-Hh$_8$.

A-2 recto - A-4 recto: Prologus.
Gg-2 verso - Hh-7 verso: Magni Athanasii in Psalmos Opusculum. Capnione inter-prete.

Copies: Stadtbibliotheek Antwerpen C3896 (a-8, Hh-7 in photostat, Hh-1,2,8 missing).
Bibliotheek Canisianum Maastricht.
Bibliothèque Nationale A11436.
British Museum 1409.a.2.

13 Psalterium Davidicum paraphrasibus illustratum. Lyons, Jean Barbou for Jean & François Frellon, 1542.

PSALTERIVM / PARAPHRASIBVS / illustratum, seruata ubique ad uerbum / Hieronymi translatione. / RAYNERIO SNOYGOVDANO / AVTORE. / Magni Athanasij Opusculum in Psalmos. / (printer's mark) LVGDVNI, / Apud !oannem & Franciscum / Frellaeos fratres. / M.D. XLII.

8°. 248 leaves. a-z$_8$, A-H$_8$.

a-2 recto - a-4 recto: Prologus.
G-7 recto - H-4 recto: Magni Athanasij in Psalmos opusculum, Angelo Politiano interprete.
H-8 recto: Lugduni, Excudebat Ioannes Barbous.

Copies: Bibliothèque St. Geneviève Paris B.8°. 1505 inv. 3127.
        Bibliothèque Arras théol. 352.
        Bibliothèque Tours théol. 429.
        Bibliothèque Grand Séminaire Viviers.
        British Museum 1409.a.2.

Lit.: Baudrier V, p. 187.

14 Psalterium Davidicum paraphrasibus illustratum. Paris, Pierre de la Vidoue for Maurice de la Porte, 1542.

Psalterium para-/PHRASIBVS ILLVSTRATVM/Seruata ubiq(ue) aduerbum HIERONYMI / translatione./ Raynerio Snoygoudano Autore./ Magni Athana-/SII OPVSCVLVM, IN PSALMOS. / PARISIIS, / 1542 / Apud Mauricium de la porte.

8°. 236 leaves. $a-z_8$, $\&_8$, $A-E_8$, F_4.

a-2 recto - a-4 recto: Prologus.
E-4 verso - F-2 verso: Magni Athanasii in Psalmos opusculum, Angelo Politiano interprete.
F-3 recto: Catalogus Psalmorum.
F-4 recto: Parisiis, Excudebat P. Vidovaeus.

Copy: Bibliothèque Nationale A11437.

Edition divided between Maurice de la Porte, Arnoul et Charles L'Angelier and Jean Foucher.

Edition Arnoul & Charles L'Angelier: Bibliothèque Nationale 11437 bis.

Edition Jean Foucher: Bibliotheca FF. Min. Cap. Udenhout 223 Sno.
                        Universiteitsbibliotheek Utrecht Kast 109, pl. Nn7.

15 Psalterium Davidicum paraphrasibus illustratum. Paris, Jean de Roigny, 1543.

Psalterium / PARAPHRASIBVS / illustratum, seruata vbiq(ue) / ad verbu(m)
Hieronymi tran/slatione   RAYNERIO SNOY-/goudano autore. / Magni
Athanasij Opusculum / in Psalmos. / PARISIIS, / Apud Ioanne(m) Roigny,
sub Ba-/silisco et quatuor eleme(n)tis,/ uia ad diuum
Iacobum./ 1543.

8°. 312 leaves. a-z$_8$, A-Q$_8$.

a-2 recto - a-4 verso: Prologus.
O-7 - P-8 verso: Magni Athanasii in Psalmos opusculum, Angelo Politiano inter-
prete.
Q-1 recto - Q-4 verso: Catalogus Psalmorum ...
Q-5 recto - Q-7 recto: Incipit Prologus primus beati Hieronymi presbyteri in
Psalterium.

Copy: de Graaf.

Edition divided between Jean de Roigny and Charles Guillard.

Edition Charles Guillard: Bibliothèque St. Geneviève Paris △.65063/76147.
Bibliothèque Nationale Rés. A17919.

16 Psalterium Davidicum paraphrasibus illustratum. Paris, Pierre de la Vidoue, 1543.

Psalterium para-/PHRASIBVS ILLVSTRATVM/Seruata ubiq(ue) ad uerbum HIERONYMI / translatione. / Raynerio Snoygoudano Autore./ Magni Athana-/SII OPVSCVLVM, IN PSALMOS. / PARISIIS, / 1543 / Apud Petrum Vidouaeum Vernoliensem, / Ex aduerso Collegij Remensis.

8°. 236 leaves. a-z$_8$, &$_8$, A-E$_8$, F$_4$.

a-2 recto - a-4 recto: Prologus.
E-4 verso - F-3 verso: Magni Athanasii in Psalmos opusculum, Angelo Politiano Interprete.
F-4 recto: Parisiis, Excudebat P. Vidovaeus.

Copies: Bibliothèque Nationale Rés. A.11438.
       Bibliothèque St. Geneviève B.8°.1507 inv. 3128.

17 [Psalterium Davidicum paraphrasibus illustratum. Paris, Jean de Roigny, 1545.]

Lit.: Masch, Bibl. Sacra p. 409.
    Paquot XI, p. 59.
    Freytag, Anal. p. 871.
    Le Long II, 966.

Note: Probably identical with Nº. 18.

Pſalterium

PARAPHRASIBVS
illuſtratum , ſeruata vbique ad
verbũ Hieronymi trãſlatione.

RAYNERIO SNOY-
goudano autore.

Magni Athanaſii Opuſculum in Pſalmos.

PARISIIS,
*Apud Ioannem Ruellium , in uia Ia-
cobea, ſub ſigno caudæ Vulpinæ.*
1 5 4 5.

Bibliography Nº. 18

18 Psalterium Davidicum paraphrasibus illustratum. Paris, René Avril for Jean Ruelle, 1545.

Psalterium / PARAPHRASIBVS / illustratum, seruata vbique ad / verbu(m) Hieronymi tra(n)slatione. / RAYNERIO SNOY-/goudano autore. / Magni Athanasii Opusculum in Psalmos. / (printer's mark) PARISIIS, / Apud Ioannem Ruellium, in uia la-/cobea, sub signo caudae Vulpinae. / 1545.

8°. 312 leaves. a-z$_8$, A-Q$_8$.

O-7: Magni Athanasii in Psalmos opusculum, Angelo Politiano interprete.

Copies: University Library Cambridge.
       British Museum 3090.a.11.
       Bibliothèque de l'Arsénal Paris * 8° T.225.

Edition divided between Jean Ruelle and Charles Langelier.

Edition Charles Langelier: British Museum 3090.a.1.
                    Bibliothèque Municipale Le Mans.
                    Bibliothèque Municipale Sens.

Lit.: Renouard no. 662.
    Adams B1421.

PSALTERIVM

PARAPHRASIBVS
illustratum, seruata ubique
ad uerbum HIERONYMI
translatione.

RAYNERIO SNOYGOVDANO
Authore.

ACCESSERE ad postremā hancæditionem,
singulis Psalmis Argumenta, quæ veram
genuinamq; Prophetæ intelligentiam pio
Lectori commonstrabunt.

LVGD. SVB SCVTO COIO-
NIENSI. 1545

Bibliography Nº. 19

19 Psalterium Davidicum paraphrasibus illustratum. Lyons, Jean & François Frellon,
1545.

PSALTERIVM / PARAPHRASIBVS / illustratum, seruata ubique / ad uerbum
HIERONYMI translatione./RAYNERIO SNOYGOVDANO Authore./ Accessere
ad postrema hanc aeditionem, / singulis Psalmis Argumenta, quae veram /
genuinamq(ue) Prophetae intelligentiam pio / Lectori commonstrabant.   /
(printer's mark) LVGD.(UNUM) SVB SCVTO COLO-/NIENSI. 1545.

8°. 4 leaves, 644 pp. and 14 unnumbered leaves. A-Z_8, Aa-Tt_8, Vu_4.

A-2 recto - A-4 verso: Prologus.
S-7 recto - T-7 verso: Magni Athanasii in psalmos opusculum Angelo Politiano in-
terprete.
Vu-4 recto: Lugduni, Excudebant Ioannes et Franciscus Frellonii, fratres.   1545.

Copies: Bibliothèque Nationale A11439.
        British Museum 3090.a.

Lit.: Baudrier V, p. 200.

20 Psalterium Davidicum paraphrasibus illustratum. Lyons, Dominique Vérard, 1545.

PSALTE-/RIVM PARA/PHRASIBVS ILLV/STRATVM, SERVATA / ubiq(ue) ad
uerbum / Hieronymi translatione./RAYNERIO SNOYGOVDANO/AVTORE./
Magni Athanasij Opusculum / in Psalmos. / (printer's mark)
LVGDVNI, / Apud Dominicum Veraarduum. / M.D.XLV.

$8°$. 248 leaves. $a-z_8$, $A-H_8$. Erroneous pagination.

a-2 recto - a-4 recto: Prologus.
G-7 recto - H-6 recto: Magni Athanasii in Psalmos opusculum, Angelo Politiano
interprete.
H-6 verso - H-8 recto: Catalogus Psalmorum ...
H-8 verso: Lvgdvni, Excudebat Dominicus Veraarduus. M.D.XLV.

Copy: University Library Cambridge

Lit.: Adams B1424.

21 Psalterium Davidicum paraphrasibus illustratum. Paris, Charles Langelier, 1546.

Psalterium / PARAPHRASIBVS / illustratum, seruata vbiq(ue) ad verbum Hieronymi /
translatione. / RAYNERIO SNOY-/goudano autore. / Magni Athanasii
opusculum / in Psalmos. / 1546. / PARISIIS. / Apud Carolum l'Angelié,
sub prima colu(m)na re-/gii Palatij, & in uia ueteris
pannariae è la-/tere sanctae Crucis, in aedibus e-/iusdem
l'Angelié.

8°. 302 leaves. A-Z$_8$, Aa-Oo$_8$, P$_6$.

A-2 recto - A-5 recto: Prologus.
Nn-6 recto - Oo-7 verso: Magni Athanasii in Psalmos opusculum, Angelo Politiano
Interprete.
Oo-8 recto - Pp-3 verso: Catalogus psalmorum.
Pp-4 recto - Pp-6 recto: Incipit prologus primus beati Hieronymi presbyteri in
Psalterium.
Pp-6 verso: Printer's mark.

Copy: de Graaf.

22 Psalterium Davidicum paraphrasibus illustratum. Paris, Jean de Roigny, 1549.

Psalterium para-/PHRASIBVS ILLV-/stratum, seruata vbique / ad verbum Hiero-/nymi transla-/tione, Raynero Snoy goudano / Authore. / Accessere ad postremam hanc editionem, / singulis Psalmis Argumenta, quae veram / genuinámque Prophetae intelligentiam / pio Lectori commonstrabunt. / PARISIIS/ Apud Ioannem Roigny, via Iacobea / sub insigni quatuor Elementorum. / 1549.

8°. 328 leaves. A-Z_8, Aa-Ss_8.

Copies: Universiteitsbibliotheek Amsterdam 2499F13.
          Stadt- und Universitätsbibliothek Marburg.

23 De libertate Christiana. Antwerp, Joannes de Grave, 1550.

DE LIBER-/TATE CHRISTIANA REY-/neri Snoy Gou-/dani./ (printer's mark) Cum
Gratia & Priuilegio. / Subsig. De la Torre. / ANTVERPIAE, / Excudebat
Iohannes Grauius typographus, / à Caes. Maiest. admissus.
Anno / 1550.

8°. 20 leaves. A-B$_8$, C$_4$.

A-2 recto – A-3 recto: Epistola ad Lectorum by Ioh. Gravius, dated Antuerpiae, ex.
aedibus nostris. Anno 1550.
C-4 verso: Printer's mark.

Copy: Universiteitsbibliotheek Utrecht Octav. no. 127.

24 Psalterium Davidicum paraphrasibus illustratum. Paris, Jean Bonhomme, 1551.

PSALTERI-/VM PARAPHRA-/sibus illustratum, seruata / vbiq(ue) ad verbu(m)
Hiero-/nymi trans-/latione. / Raynerio Snoygoudano / Authore. /
Accessere ad postremam ha(e)c aeditio/nem, singulis Psalmis Argume(n)ta, / quae
vera(m) genuinâmque prophe/tae intelligentia(m) pio Lectori / commonstrabu(n)t. /
PARISIIS. / Apud Iohannem bonhomme, / Via Iacobaea. /1551.

8°. 328 leaves. A-Z$_8$, Aa-Ss$_8$.

A-2 recto - A-4 verso: Prologus.
Rr-3 recto - Ss-4 verso: Magni Athanasii in Psalmos opusculum. Angelo Policiano
interprete.

Copies: Universiteitsbibliotheek Utrecht.
        Bibliothèque St. Geneviève Paris. B.8°.1508 inv.3129.

25 Psalterium Davidicum paraphrasibus illustratum. Lyons, Michel Dubois (Sylvius) for Jean Frellon, 1554.

PSALTERIVM / PARAPHRASIBVS / ILLVSTRATVM, SER-/uata vbique ad verbum HIERO-/NYMI translatione, / RAYNERIO SNOYGOVDANO / AVTHORE. / ACCESSERE ad postremam hanc aeditionem, singulis / Psalmis Argumenta, qua veram genuinamque Propheta / intelligentiam pio lectori commonstrabunt. / (printer's mark) LVGDVNI, / Apud Ioannem Frellonium. / 1554.

8°. 296 leaves. A-Z_8, Aa-Pp_8.

A-2 recto - A-4 recto: Prologus.
Oo-3 recto - Pp-3 verso: Magni Athanasii in psalmos opusculum. Angelo Politiano interprete.
Pp-4 recto - Pp-7 recto: Catalogus psalmorum ...
P-7 verso: Lugduni, Excudebat Michael Sylvius, 1554.

Copies: Landes- und Stadt-Bibliothek Düsseldorf Th.I, B°.17.
        Egyetemi Konyvtár (University Library) Budapest NB.Ant.8417.
        Musée Fabre Montpellier, théol. 163.

Lit.: Baudrier V, p. 229-230.

Note: Edition divided between J. Frellon and A. Vincent.

26 Psalterio de David. Antwerp, Jan Laet for Joannes Steels, 1555.

Psalterio de Dauid, / con las Paraphrases y breues / declaraciones de Raynerio Snoy / Goudano, Agora nueuamente tradu-/zido en lengua Castellana, Diri-/gido al Illustrissimo Patriar-/cha del nueuo Orbe, / Obispo de Ciguen-/ça, Presidente del Consejo Real. / PSALM. CXLVI. / L a u d a t e D o m i n u m q u o n i a m b o n u s e s t. / (printer's mark) EN ANVERS, / E n c a s a d e l u a n S t e e l s i o. / 1555. / C o n P r i u i l e g i o I m p e r i a l.

8°. 274 leaves. $a-z_8$, $A-L_8$, M_4.

a-2 recto - a-2 verso: Letter by Don Alonso Enriquez.
a-3: Ad Illistrissimo Patriarcha del nuevo mundo, Obispo de Ciguença, Presidente del Consejo Real, &c. El Interprete desta obra perpetua felicidad.
a-4 verso - a-6 recto: Prologo.
M-4 verso: En Anvers, En casa de Iuan Lacio, Año M.D.L.V.

Copies: Bibliothèque Nationale A.11441.
        University Library Cambridge.
        British Museum 3089.b.7.

Lit.: Palau 68782.
      Adams B1498.
      Peeters-Fontainas note no. 116.

27 Psalterium Davidicum paraphrasibus illustratum. Lyons, Symphorien Barbier for Jean Frellon, 1559.

PSALTERIVM / PARAPHRASIBVS / ILLVSTRATVM, SER-/uata vbique ad verbum Hie-/ronymi translatione, / RAYNERIO SNOYGOVDA-/NO AVTHORE. / Accessere ad postremam hanc aeditione(m), singulis Psalmis /Argumenta, quae veram genuinámque Prophetae / intelligentiam pio lectori commonstrabunt. /(printer's mark with motto: "MATVRA") LVGDVNI, / Apud Ioannem Frellonium. / 1559

8°. 384 leaves. A-Z$_8$, Aa-Pp$_8$.

A-2 recto - A-4 recto: Prologus.
Oo-3 recto - Pp-4 verso: Magni Athanasii in Psalmos Opusculum. Angelo Politiano interprete.
Pp-4 recto - Pp-7 recto: Catalogus Psalmorum, cum numeris eorundem, quò sint inventu faciles.
Pp-7 verso: Lugduni, Excudebat Symphorianus Barbierus.

Copy: British Museum 4061.a.(2).

28 [Psalterium Davidicum paraphrasibus illustratum. Lugduni, 1560.]

Lit.: Freytag, Anal. p. 871.
   Le Long II, 966.

29 Psalterium Davidicum paraphrasibus illustratum. Lyons, Symphorien Barbier for Antoine Vincent, 1561.

PSALTERIVM / PARAPHRASIBVS / ILLVSTRATVM, SER-/uata vbique ad verbum Hie-/ronymi translatione, / RAYNERIO SNOYGOVDA-/NO AVTHORE. / Accessere ad postremam hanc aeditione(m), singulis Psalmis / Argumenta, quae veram genuinámque Phrophetae / intelligentiam pio lectori commonstrabunt. / (printer's mark) LVGDVNI, / Apud Antonium Vincentium. / 1561.

8°. 304 leaves. A-Z$_8$, Aa-Pp$_8$.

A-2 recto - A-4 recto: Prologus.
Oo-3 recto - Pp-3 verso: Magni Athanasii In Psalmos Opusculum. Angelo Politiano interprete.
Verso last leaf: Lugduni, Excudebat Symphorianus Barbierus.

Copy: Universiteitsbibliotheek Leiden 503 G 15 (formerly Bibliotheca Vossiana).

Lit.: Baudrier V, p. 256.

Note: Edition divided between A. Vincent and J. Frellon.

30 [Psalterium Davidicum paraphrasibus illustratum. Venetia, 1564.]

Lit.: v.d. Aa XVII, 1e stuk p. 814-816.
 Masch, Bibl. Sacra p. 409.
 Paquot XI, 59.
 Freytag, Anal. p. 871.
 Le Long II, 966.

31 [Psalterium Davidicum paraphrasibus illustratum. Lugduni, 1564.]

Lit.: Freytag, Anal. p. 871.
      Le Long II, 966.

32 [Kurze catholische Erklaerung des ganzen Psalters Dauids ... Verteutscht Nic. Hugo. Maintz, 1566.]

Lit.: Freytag, Anal. 871.
   Loos N_8 recto - O_1 verso.

33 Psalterium Davidicum paraphrasibus illustratum. Lyons, Jean Marcorelle for Barthélenus Vincent, 1571.

PSALTERIVM / PARAPHRASIBVS / ILLVSTRATVM, / seruata vbiq(ue) ad verbum / Hieronymi trans-/latione, / RAYNERIO SNOYGOVDA-/NO AVTHORE. / Accessere ad post remam hanc editionem, singulis Psalmis / Argumenta, quae veram genuinámque Prophetae in-/telligentiam pio lectori commonstrabunt. / (printer's mark) LVGDVNI, / Apud Bartholom. Vincentium. / M.D.LXXI.

8°. 304 leaves. A-Z$_8$, Aa-Pp$_8$.

A-2 recto – A-4 recto: Prologus.
Oo-3 recto – Pp-3 verso: Magni Athanasii in Psalmos opusculum, Angelo Politiano interprete.
Pp-4 – Pp-7 recto: Catalogus Psalmorum.
Pp-7 verso: Lugduni, Excudebat Ioannes Marcorellius. 1571.

Copies: Bibliothèque Nationale A6049.
British Museum 3090.aa.

PSALTERIVM
PARAPHRASIBVS
ILLVSTRATVM,

Seruata vbiq; ad verbum Hieronymi
tranſlatione.

Raynerio Snoygoudano autore.

M.AGNI ATHANASII
Opuſculum in Pſalmos.

VENETIIS, MDLXXII.
Apud Io. Antonium Bertanum.

34 Psalterium Davidicum paraphrasibus illustratum. Venice, Giovanni Antonio Bertano
    1572.

PSALTERIVM / PARAPHRASIBVS / ILLVSTRATVM, / Seruata vbiq(ue) ad verbum
Hieronymi / translatione. / Raynerio Snoygoudano autore. / MAGNI
ATHANASII / Opusculum in Psalmos. / (printer's mark) VENETIIS,
M D LXXII. / Apud Io. Antonium Bertanum.

8°. 208 leaves. A-Z$_8$, Aa-Cc$_8$ (last leaf blank).

A-2 recto – A-3 verso: Prologus.
Bb-5 verso – Cc-3 recto: Magni Athanasii in Psalmos opusculum, Angelo Politiano
Interprete.
Cc-3 verso – Cc-6 recto: Catalogus Psalmorum.
Cc-6 – Cc-7 verso: Incipit Prologus primus Beati Hieronymi presbyteri in Psalterium.

Copy: de Graaf.

35 Psalterium Davidicum paraphrasibus illustratum. Lyons, Antoine de Harsy, 1574.

PSALTE-/RIVM PARA-/PHRASIBVS IL-/LVSTRATVM, SER-/VATA VBIQVE / ad verbum Hiero-/nymi transla-/tione./RAYNERIO SNOYGOVDA-/NO AVCTORE. / Accessere ad postremam hanc editionem, singulis / Psalmis Argumenta, quae veram genuinamque / Prophetae intelligentiam pio lectori commun-/strabunt. / (printer's mark: a crab holding a butterfly, with legend MATVRA.) LVGDVNI, / Apud Antonium de Harsy, / 1574.

8°. 328 leaves. A-Z$_8$, Aa-Ss$_8$.

Copies: British Museum 1016-b.5.
        University Library Cambridge.

Lit.: Adams B1461.

36 [Psalterium Davidicum paraphrasibus illustratum. Cologne, 1589.]

Lit.: v.d. Aa XVII 1e stuk, p. 814–816.
     Masch, Bibl. Sacra p. 408.
     Paquot XI, p. 59.
     Freytag, Anal. p. 871.
     Le Long II, 966.

7 Psalterium Davidicum paraphrasibus illustratum. Cologne, Petrus Henning, 1616.

Psalterium / DAVIDIS / VATIS REGII, / PARAPHRASIBVS IPSI / TEXTVI,
DISTINCTO CHA-/ractere, insertis, illustratum. / SINGVLIS PSALMIS
ARGVMENTA, ET / Orationes accommodatissimae accedunt. Item / opusculum
S. Athanasij de Psal. intellectu. / POST LABOREM RAYNERII /SNOYGOVDANI
ex recentioris aui scriptoribus au-/ctum et ita elaboratum vt
Commen/tarij loco esse possit. / (engraved vignet representing King
David) COLONIAE, / Sumptibus Petri Henningij,/Anno M D C XVI.

12°. 324 leaves. $*_{12}$, A-Z$_{12}$, Aa-Cc$_{12}$. Pagination: (24), 1-666 (erroneously
paginated 669). There are several errors in the pagination: p. 145 is not numbered,
whereas p. 146 is erroneously numbered 176; this mistake is continued throughout
the book.

*-2 verso - *-6 verso: Preface by P. Henningius to Henricus Spichernagel, dated
Ubiorum Anno MDCXVI. ipso Natalii SS. P. Benedicti.
*-7 recto - *-9 recto: Prologus.
Cc-5 verso - Cc-12 verso: Magni Athanasii in Psalmos Opusculum, Angelo Politiano
interprete.

Copy: Bibliotheek Convent O.F.M. Wijchens, Vak 10/1.

38 [Psalterium Davidicum paraphrasibus illustratum. Paris, J. Petit-Pas, 1617.]

Lit.: v.d. Aa XVII 1e stuk, p. 814-816.
   Masch, Bibl. Sacra p. 409.
   Paquot XI, p. 59.
   Freytag, Anal. p. 871.
   Le Long II, 966.

39 De rebus Batavicis libri XIII. Frankfort, Daniel & David Aubry and Clemens
Schleich, 1620.

RENERI SNOI,/ARCHIATRI,/DE REBVS BA-/TAVICIS/LIBRI XIII,/NVNQVAM
ANTE HAC/LVCE DONATI,/EMENDATI NVNC DEMUM/et recogniti
opera ad studio /IACOBI BRASSICAE/ROTERODAMI./(large printer's mark)
FRANCOFVRTI, / In officina Danielis ac Dauidis Aubriorum / & Clementis
Schleichij. /An. M.D.C.XX.

6°. 110 leaves. $\dagger_6$, A-Q$_6$, R$_8$. (last leaf blank).

This is the second part (with separate title and pagination) of: Rerum
Belgicarum Annales chronici et historici...Qui nunc primum è Bibliothecis
producti sunt...Omnes typis nunc primum editi. Opera ac studio Fr. Sweertii.
Francofurti, in officina Danielis ac Dauidis Aubriorum & Clementis Schleichij,
1620. – Evidently it was also published separately, as U.B. Amsterdam has a copy
of this second part only, bound in contemporary vellum (1049 A 20). This copy
has the autograph of Petrus Burmann on the title.

Contents:
Verso title an "Ogdoastichon" by M. Cornelius Billieus Sconoviani (of Schoonhoven)
on Snoy and Brassica.
Leaf 2 recto: And. Schottus S.J. Jacobo Brassicae.
Leaf 2 verso – 3 verso: A bio-bibliography of Snoy by Jac. Brassica.
Leaf 4 recto: Vita eiusdem ex Lib. Auberti Myraei followed by (4 recto and verso)
quotations from Corn. Aurelius, Petrus Opmeer and Bonaventura Vulcanius.
Leaf 5 recto: Author ad librum suum historiarum and two distichs of the author.
Leaf 5 verso – 6 verso: Jacobus Brassica Roterodamus Lectori.
Leaf 7 recto – verso: Reneri Snoi ...Praefatio.
Leaf 8 recto (page 3): Rerum Batavarum Liber I.
Page 193: End of the Chronicle, which runs until 1519.
Page 194 – 197: Memorati viri nobiles ac florentes ex autographo fideliter descripti,
et seorsim collacati, hoc ordine.
Page 198: De Hollandiae et Batavorum nomine. Ex Geographiae Synopsi P.B. Cestii.
Page 199 – 206: Hollandiae Etymon per Jac. Brassicam.

Copies: Universiteitsbibliotheek Amsterdam 471A8.
          Universiteitsbibliotheek Nijmegen.
          Koninklijke Bibliotheek Den Haag 401B51 & 39E19.
          British Museum 12807.k.40.
          Bibliothèque Nationale M1343(11).
          Bibliothèque St. Geneviève Paris M.Fol.153.

40 [Psalterium Davidicum paraphrasibus illustratum. Lugduni, 1671.]

Lit.: v.d. Aa XVII, 1e stuk, p. 814–816.

41 Psalterium Davidicum paraphrasibus illustratum. Besançon, Louis Rigoine, 1687.

RAYNERII / SNOYGOUDANI, / PSALTERIUM / DAVIDICUM / PARAPHRASIBUS
ILLUSTRATUM: / Servata ubique ad verbum variorum / Patrum translatione. /
Cum Magni Athanasii Opusculo in Psalmos quosdam / ab
hebdomadam dispositos. / Editio haec postrema summâ diligentiâ à mendis/
prioribus Typographicis purgata. /(printer's mark) BISUNTII. / Apud LUDOVICUM
RIGOINE, Regis, / Curiae, hec non Civitatis Regiae/Typographum./
M.DC. LXXXVII. / CUM PRIVILEGIO & APPROBATIONE.

12°. 229 leaves. Titlepage (not forming part of the collation, A-T$_{12}$).

T-1 recto - T-8 recto: Magni Athanasii in Psalmos Opusculum. Angelo Politiano
Interprete.

Copies: Bibliothèque St. Geneviève Paris B.8°.1513.inv.3130.
Bibliothèque Nationale 11442.

42 Psalterium Davidicum paraphrasibus illustratum. Paris, Jean Guignard, 1690.

RAYNERII / SNOYGOUDANI, / PSALTERIUM / DAVIDICUM / PARAPHRASIBUS
ILLUSTRATUM: / Servata ubique ad verbum variorum / Patrum Translatione. /
Cum Magni Athanasij Opusculo in Psalmos / quosdam ad
hebdomadam dispositos./Editio haec postremâ summâ diligentiâ à mendis /
prioribus Typographicis purgata. / (vignet) B i s u n t i i , & v e n e u n t, / PARISIIS, /
Apud JOANNEM GUIGNARD, in Aula / Magna Palatii, ad insignè / Sancti
Joannis. / M.DC.LXXXX. / CVM PRIVILEGIO ET APPROBATIONE.

12°. 234 leaves. A_{6}, $A-T_{12}$.

A-2 recto - A-4 recto: A letter by L. Rigoine to Francisco Josepho de Grammont.
A-4 verso - A-6 verso: Prologus.
T-1 recto - 8 recto: Magni Athanasii in Psalmos Opusculum. Angelo Politiano
Interprete.
T-8 verso - T-10 recto: Psalmorum Index.
T-10 verso: Approbatio.

Copy: Bibliothèque Nationale A.11443.

43 [Psalterium Davidicum paraphrasibus illustratum. Lugduni, 1691.]

Lit.: Masch, Bibl. Sacra p. 409.
   Freytag, Anal. p. 871.
   Le Long II, 966.

44 Psalterium Davidicum paraphrasibus illustratum. Salisburg, Johann Baptist Mayr, (1695).

DESIDERIUM / COLLIUM AETERNORUM / SIVE / PSALTERIUM / DAVID / Paraphrasibus insigniter illu-/stratum, / servatâ ubique ad Verbum S. Hieronymi / Translatione /RAYNERIO SNOYGOUDANO / cumprimis Authore; /Accesserunt ad postremam e-/ditionem Lugdunensem 1574./singulis Psalmis / Argumenta, quae veram genui-/namq(ue) Prophetae intelligentiam le-/ctori commonstrant./Nunc denuò /Pro singulari omnium piorum maximè / Ecclesiasticorum illuminatione, consolatione / atque elevatione ad coelestia, / Post plures alias editiones fideliter recusum./Permissu Superiorum/ SALISBURGI, / Impensis & Typis JOANNIS BAPT. MAYR, / TypographiAulico-Academici.

12°. 402 leaves. a_{12}, A-Z_{12}, Aa-Ii$_{12}$, Kk$_6$.

a-1: Engraved frontispiece.
a-2 verso: Facultas Reverendissimi Metropolitici, Consistorij Salisburgensis, &c. Reimprimatur 14. Decemb. 1694.
a-4 recto - a-6 recto: Printers' dedication, dated "Calendis Januarij 1695".
a-6 verso - a-7 verso: Jesu Christo in Psalmis pronunciato, Nunc Triumphatori Gloriosissimo.
a-8 recto - a-11 recto: Prologus.
a-11 verso: Woodcut representing David with the harp.
Ii-11 verso - Kk-2 verso: Magni Athanasii in Psalmos Opusculum, Angelo Politiano interprete.
Kk-3 recto - Kk-6 recto: Catalogus Psalmorum.

Copy: de Graaf

45 Psalterium Davidicum paraphrasibus illustratum. Louvain, G. Stryckwant, 1704.

PSALTERIUM/PARAPHRASIBUS ILLUSTRATUM,/Cum Argumentis & Orationibus,/ unicuique Psalmo propriis, / servatâ ubique ad verbum / S. HIERONYMI / TRANSLATIONE. / AUTHORE / RAYNERIO SNOY / Sed in hac novissima Editione, à multis / mendis expurgatum, & in meliorem / formam redactum; cui & accesserunt / septem Cantica, quae in Laudibus / per hebdomadam leguntur. / Curâ & Operâ Adm. Rever. ac Erudit. Domini / H. RAELLEN S.T.L. / Pastoris ad S. Quintinum Lovanii, &c. / (vignet) LOVANII, / Typis G. STRYCKWANT sub aurea Lampade. / M.DCC.IV. / Cum gratia et Privilegio.

6°. 278 leaves. $*_4$, $**_2$, A-Yy$_6$, Zz$_2$. Pagination: (12), 1-542 (should be 1-538, pp. 236-239 do not exist), (6).

*-2 recto - *-4 verso: A dedication by Stryckwant to D. Stephano vander Stegen.
**-1 recto - **-2 verso: Prologus.
Tt-1 recto - Xx-4 recto: Paraphrases in ea Veteris Testamenti cantica, quae per hebdomadam leguntur in laudibus.
Xx-4 verso - Yy-5 verso: Magni Athanasii in Psalmos opusculum. Angelo Politiano interprete.
Yy-6 recto - Zz-2 recto: Index Psalmorum.
Zz-2 verso: Censura.

Copies: Universiteitsbibliotheek Amsterdam 1483F20.
       Koninklijke Bibliotheek Den Haag 1123J8.
       Minderbroedersklooster Alverna.
       Bibliothèque Royale de Bruxelles II,41273.
       Bibliothèque Nationale A22444.

46 [Psalterium Davidicum paraphrasibus illustratum. Madrid, Joachim Ibarra, 1762.]

Note: Cf. titlepage of edition Madrid, 1780 (bibliography no. 47).

47 Psalterium Davidicum paraphrasibus illustratum. Madrid, Joachim Ibarra, 1780.

PSALTERIUM / PARAPHRASIBUS / ILLUSTRATUM, / SERVATA UBIQUE AD VERBUM / HIERONYMI TRANSLATIONE. / RAYNERIO SNOY GOUDANO / AUCTORE. / (vignet) LUGD. SUB SCUTO COLONIENSI. 1545. / Recusum MATRITI, apud JOACHIMUM / IBARRA, anno 1762, & 1780. / SUPERIORUM FACULTATE. /

8°. 272 leaves. A-Z_8, Aa-Kk_8.

Copy: de Graaf list 38 no. 1 sold to: University of Witwatersrand Library, Johannesburg.